CONGRÈS RÉGIONALISTE DE NANCY

La Lorraine
Région Française

Rapport présenté par

M. Robert PARISOT

Professeur d'histoire de l'Est de la France à l'Université de Nancy

Vice-Président de l'Union Régionaliste Lorraine

NANCY

LIBRAIRIE VICTOR BERGER

13, Rue Saint-Georges, 13

1909

Questions régionalistes

Première question du programme : Constitution des régions

RAPPORT sur la Lorraine, région française, telle qu'elle est constituée par les conditions géographiques, historiques et économiques, ainsi que par le caractère et les aptitudes de ses habitants, présenté par M. Robert PARISOT, professeur d'histoire de l'Est de la France à l'Université de Nancy, vice-président de l'U. R. L.

MESSIEURS,

Je suppose tout d'abord admis le principe de la division de la France en régions, circonscriptions plus grandes que les départements actuels, principe qui a inspiré divers projets de loi, en particulier celui de l'honorable M. Beauquier, député du Doubs. Seul, ce remaniement des circonscriptions administratives mettra la province en état de se défendre à la fois contre la tyrannie du gouvernement central et contre la prépondérance de Paris.

Ceci dit, il me faut rechercher aujourd'hui quelle serait l'étendue de la région que l'on créerait dans le nord-est de la France. A mon avis, elle devrait comprendre en gros les trois départements de la Meuse, de la Meurthe-et-Moselle et des Vosges. Je vais essayer de le prouver, en m'aidant des indications que fournissent la géographie, l'histoire et les ressources économiques de la contrée, le caractère et les aptitudes de ses habitants. Nous verrons qu'en certains points, à l'ouest et au sud par exemple, les réponses que nous donne la géographie ne s'accordent pas entre elles ou sont en opposition avec celles que nous obtenons de l'histoire ; enfin, du côté du nord et du nord-est, la Lorraine française ne peut avoir aujourd'hui que des limites artificielles, la frontière politique, depuis longtemps déjà, ne correspondant pas plus aux indications de la géographie physique qu'à celles de l'histoire ou de la vie économique. Il m'arrivera donc plus d'une fois, au cours de cet exposé, de sortir des frontières actuelles pour vous parler de territoires que mille liens rattachent à nos trois départements, bien que politiquement ils en soient aujourd'hui séparés.

* *

Commençons par examiner, au point de vue géographique, le pays que nous habitons. Vers l'est, il se rattache à un ensemble plus vaste, la région rhénane, tandis que, du côté de l'ouest, il semble faire partie du bassin de Paris. On sait qu'à une époque géologique antérieure un dôme recouvrait les contrées qu'arrosent aujourd'hui le Rhin, la Moselle et le Neckar. Le soulèvement des Alpes amena dans cette région des modifications profondes : la vallée du Rhin se creusa entre les deux chaînes parallèles des Vosges et de la Forêt-Noire, dont les rebords extérieurs s'inclinèrent respectivement vers l'ouest et vers l'est par des pentes plus ou moins adoucies. Plus tard, des torrents descendus des sommets des Vosges devaient travailler notre pays, en transformer la physionomie, le modelé.

Telle qu'elle se présente maintenant, la région qui nous occupe est géologiquement formée d'éléments très variés. Dans les Vosges, des granits, des porphyres, des grès rouges ou roses, puis, à l'ouest de ces roches anciennes, des terrains secondaires, grès bigarrés, calcaires coquilliers du trias, calcaires du lias, marnes et argiles de l'oolithe. Vers le sud-ouest, le lias et l'oolithe se continuent par des terrains de même nature, qui forment une des ceintures du bassin parisien ; toutefois, il convient de faire observer que trias, lias et oolithe se retrouvent à peu près dans le même ordre à l'est de la Forêt-Noire, et que, par conséquent, dans une certaine mesure, la région lorraine fait pendant au Wurtemberg et à la Franconie orientale, aujourd'hui province bavaroise. Les terrains jurassiques enveloppent ainsi l'une des sections du bassin du Rhin.

Les phénomènes géologiques expliquent en grande partie le relief du sol. A l'est, les Vosges, granitiques ou gréseuses, constituent un tout à part, avec leurs sommets allongés ou arrondis, qui atteignent avec le Hohneck 1.366 mètres, et qui se maintiennent encore au Donon un peu au-dessus de 1.000. De l'arête principale se détachent dans la direction de l'ouest de nombreux chaînons, d'altitude décroissante, et dont les derniers sommets ne dominent la plaine que de cent cinquante à deux cents mètres. Pourtant, au nord, dans la partie annexée par l'Allemagne, les Vosges, de plus en plus étroites, finissent par être réduites à quelques kilomètres de largeur.

En opposition avec la montagne vosgienne, le reste du pays peut être qualifié de plaine ou de plateau. D'ailleurs il présente des différences de relief assez grandes pour que nous puissions le diviser en plusieurs zones. A côté du plateau lorrain proprement dit, qui s'étend à l'est de la Moselle et du cours moyen de la Meurthe, il y a, entre la Moselle et les côtes de Meuse, le plateau ou la plaine de la Woëvre ; vers le sud, les Faucilles, collines plutôt que véritables montagnes, s'ouvrent en arc de cercle sur la vallée de la Saône ; enfin, du sud au nord, courent des lignes de hauteurs, avec quelques monticules isolés, côtes de Moselle, côtes de Meuse, qui atteignent fréquemment 400 mètres, et qui s'élèvent même sur certains points jusqu'à 500. Ces collines, nous ne pouvons les qualifier autrement, modifient et varient la physionomie de la contrée, y jettent une note pittoresque. Côtes de Meuse ou de Moselle ont, comme les Vosges elles-mêmes, leur versant abrupt tourné vers l'est ; aussi, d'habitude, les range-t-on — avec plus ou moins de raison — parmi les crêtes ou les bastions du bassin de Paris.

Si les Vosges constituent vers l'est une frontière naturelle pour la région lorraine, en est-il de même au nord-ouest de la chaîne silico-argileuse de l'Argonne, qui se dresse entre l'Aire et l'Aisne ? Oui, car en dépit de son élévation médiocre (350 mètres au maximum), l'épaisseur des forêts et le manque de routes rendent — et surtout rendaient autrefois — le massif difficile à franchir. Seulement, l'Argonne ne pourrait servir à la Lorraine de limite qu'au nord-ouest. Du côté de Bar-le-Duc, on chercherait en vain des hauteurs constituant une barrière naturelle ; il faut remonter plus au sud aller jusqu'à Grand, pour rencontrer des plateaux boisés et peu peuplés, qui séparent la Meuse de la Marne. Entre eux et l'Argonne s'ouvrent donc les trouées que forment les vallées de l'Ornain et de la Saulx ; mais, quand on descend le premier de ces cours d'eau, quand on se rapproche du point où il conflue dans la Marne, on parvient d'abord à une plaine d'alluvion, puis à la plaine crayeuse de Champagne, qui diffère à tous égards du pays lorrain. Vers le nord, celui-ci a dans l'Ardenne et dans la partie occidentale du massif schisteux rhénan une limite naturelle ; toutefois, ici, comme sur d'autres points, cette limite ne coïncide pas avec celle qu'indiquent l'hydrographie et l'histoire ; quant à la frontière politique actuelle, elle tient aussi p.u compte de l'une que de l'autre.

Des pluies assez abondantes arrosent la région lorraine, qui a le précieux avantage de posséder encore de très belles forêts. Ces pluies, qu'amènent les vents de l'ouest et du sud-ouest, se déversent en grande quantité sur le massif vosgien ; d'autre part, les vallées de l'Ornain et de la Meuse en reçoivent plus que celles de la Meurthe et de la Moselle. Le nombre des jours de pluie est relativement élevé, bien qu'en dehors des Vosges la hauteur des précipitations se tienne entre 0 m. 70 et 1 mètre Il tombe de l'eau toute l'année, si bien qu'il n'y a pas, à proprement parler, de saison sèche.

Des Vosges descendent les principaux cours d'eau, la Moselle, la Meurthe, la Vezouse, la Mortagne, la Sarre ; le Madon et la Meuse prennent naissance dans les Faucilles. Ceux qui viennent des Vosges, la Moselle et la Meurthe en particulier, se dirigent d'abord vers le nord-ouest, suivant la pente du sol. Il semblerait qu'à Toul la Moselle voulût aller rejoindre la Meuse, et, peut-être, à une époque géologique antérieure, en a-t-il été ainsi. Mais, à un moment donné, la trouée que suivait la Moselle ayant été obstruée, la rivière, décrivant une courbe, est allée s'unir à la Meurthe, qui l'a entraînée vers le nord. Plus loin, sous d'autres influences, la Moselle prendra la direction du nord-est et, après s'être creusé péniblement un chemin dans le massif schisteux rhénan, elle se jettera dans le Rhin à Coblenz La Moselle est la principale artère fluviale et le centre d'une région plus grande à certains égards, à d'autres plus petite que celle dont la constitution géologique et le relief du sol indiquaient les limites. Vous savez, et il n'y a pas lieu d'en être surpris, que jadis le duché de Haute-Lorraine s'appelait aussi la Mosellane.

La Meuse, dont les eaux vont, comme celles du Rhin, à la mer du Nord, s'interpose entre la Moselle et les rivières tributaires de la Marne ou de l'Oise, Ornain et Saulx d'une part, Aisne et Aire de l'autre.

Enfin, au sud du département des Vosges, sur le versant méridional des Faucilles, se trouvent les sources de la Saône et de quelques-unes des rivières dont se grossit le grand affluent de droite du Rhône.

Mais, au point de vue hydrographique, la région lorraine n'est vraiment formée que des territoires dont les eaux vont par la Moselle, affluent du Rhin, et par la Meuse se jeter dans la mer du Nord.

Ces cours d'eau présentent quelques différences de régime, dues à la nature des terrains qu'ils traversent — les uns sont imperméables, les autres perméables — dues aussi à la largeur plus ou moins grande de leurs vallées. Le moins régulier, et par conséquent le plus dangereux, est la Meuse, dont les inondations sont à juste titre redoutées des riverains.

La région lorraine, située dans la zone tempérée, entre le 47e et le 50e degré de latitude nord, mais loin de l'Atlantique, a déjà un climat continental. Les pluies, amenées par les vents de l'ouest et du sud-ouest, y sont, nous l'avons dit, assez abondantes ; pourtant, elles n'ont pas pour effet d'adoucir, d'égaliser la température. Aux vents pluvieux s'opposent les vents secs venus du nord, du nord-est ou de l'est, qui, à toutes les époques de l'année, font rapidement baisser le thermomètre. Hivers longs et souvent rigoureux qui se prolongent parfois jusqu'en mai, se manifestant par des gelées tardives, désastreuses pour la vigne et pour les arbres fruitiers, étés chauds et orageux, saisons intermédiaires trop courtes, variations brusques de température, provoquées par des orages ou par de simples averses, voilà quelques-uns des caractères climatériques de la région lorraine, plus sensibles naturellement sur les hauteurs que dans les vallées abritées. C'est donc un climat rude que le nôtre ; s'il incommode les gens venus de l'ouest ou du midi, on doit cependant reconnaître qu'il est sain, et que les vieillards sont en Lorraine aussi nombreux, plus nombreux même, que dans d'autres provinces, en apparence plus favorisées.

En définitive, malgré des différences dans la constitution géologique du sol et dans le relief, le bassin de la Moselle et une partie de celui de la Meuse constituent une région naturelle, que limitent à l'est les Vosges, au sud les Faucilles, au nord-ouest l'Argonne.

Si la montagne vosgienne et le massif schisteux rhénan forment dans cet ensemble des coins bien à part, nettement distincts du reste du pays, leurs habitants ne peuvent, en raison de la pauvreté du sol, se passer de leurs voisins ; placés, au point de vue économique, dans la dépendance des gens de la plaine, ils ont dû se rapprocher de ceux-ci, s'unir à eux et suivre leurs destinées politiques. Toutefois, tandis que les Vosgiens subissaient, à l'exclusion de toute autre, l'attraction du plateau lorrain, cette dernière influence était, en ce qui concerne les habitants de l'Eifel et du Hundsrück, contrebalancée par celle de la riche vallée du Rhin.

*
* *

Nous connaissons le pays lui-même : quels sont les hommes qu'on y rencontre, par quelles vicissitudes ont-ils passé dans le cours des âges ? Et d'abord, de quels éléments la population est-elle formée ? A la base il y a un fond celtique, constitué par trois peuples belges, les Trévires, les Médiomatrices et les Leuques, que César trouva installés dans la contrée, quand il en fit la conquête. Leuques, Médiomatrices et Trévires étaient-ils vraiment des Celtes, ou faut-il plutôt voir en eux des conquérants, qui avaient soumis les populations celtiques primitives ? Nous laisserons la question sans réponse. Quoi qu'il en soit, ces trois peuples faisaient partie du *Belgium*.

Rome devait donner à la région lorraine conscience d'elle-même. Le gouvernement impérial fit une *civitas* de chacun des territoires qu'occupaient - antérieurement à la conquête — les tribus gauloises, et groupa ces cités en provinces. Ainsi naquit la première Belgique, où entrèrent les quatre cités des Trévires, des Médiomatrices, des Leuques et des Verdunois, cette dernière formée peut-être du démembrement d'une des trois autres, et beaucoup plus petite qu'elles.

La première Belgique, avec Trèves pour capitale, comprenait la région qu'arrose la Moselle, moins le cours inférieur de la rivière ainsi que les bassins supérieurs et moyens de la Meuse et de l'Ornain ; les Vosges la limitaient à l'est. Dans une certaine mesure, cette circonscription répondait à la région géographique naturelle dont nous parlions tout à l'heure ; elle empiétait pourtant sur les bassins de la Seine et du Rhône.

L'empire romain d'Occident s'effondra au vᵉ siècle, mais les divisions administratives qu'il avait créées ne disparurent point avec lui. Le christianisme, qui avait fait son apparition dans le pays dès le iiiᵉ siècle, avait conquis une partie de la population gallo-romaine, et l'Église avait ici, comme partout dans l'empire, adopté les circonscriptions établies par le pouvoir civil. C'est ainsi que la première Belgique devint une province ecclésiastique, et chacune des quatre cités qu'elle comprenait un diocèse, dont l'évêque résida au chef-lieu de la *civitas*. L'évêque de Trèves eut sous son autorité, avec le titre de métropolitain d'abord, plus tard d'archevêque, les évêques de Metz, de Toul et de Verdun. Cette division ecclésiastique va subsister durant de longs siècles, avec quelques modifications à l'époque franque : elle ne disparaîtra que durant la seconde moitié du xviiiᵉ siècle. Ce sera la Révolution française qui dépouillera Trèves de sa qualité de métropole religieuse de la région mosellane, de la région lorraine. Celle-ci, grâce à l'Église, avait conservé, même à l'époque du morcellement féodal, une certaine unité jusqu'à nos jours.

Aux temps de la domination romaine, la région mosellane, assez voisine de la frontière, avait souvent reçu les visites incommodes des peuples barbares, qui finalement devaient en faire la conquête. Au vᵉ siècle, Alamans et Francs se la disputèrent ; les seconds finirent par l'emporter avec Clovis, mais de nombreux Alamans n'en demeurèrent pas moins dans le pays. Ces invasions du vᵉ siècle ont laissé des traces durables, surtout de l'autre côté de la frontière actuelle : dans le bassin inférieur de la Moselle, sur les rives de la Sarre ou de la Nied allemande c'est encore un dialecte germanique que l'on parle aujourd'hui ; l'unité linguistique s'est donc trouvée brisée de ce fait, et pour toujours. Dans la partie de la région mosellane restée française, la langue romane a prévalu; pourtant divers indices physiques prouvent qu'ici encore il y a eu mélange de plusieurs éléments ethniques.

Une fois conquis par les Francs et gouverné par les Mérovingiens, notre pays allait connaître pendant quelques centaines d'années une tranquillité relative. Vers le milieu du vi⁰ siècle, une des villes de la Moselle, Metz, devint la résidence des rois d'Austrasie. Un peu plus tard, la région verra s'élever une famille, celle de l'évêque de Metz, Arnulf, famille appelée à supplanter celle de Clovis. L'un des membres de la nouvelle dynastie, Charlemagne, maître de la Gaule, de la Germanie, de l'Italie, restaurera l'empire d'Occident. Époque glorieuse pour nous, époque de sécurité, de puissance, où notre pays était le centre de la monarchie franque, où nos ancêtres ont accompli, sous la direction des Pépins et des Charles, une grande œuvre civilisatrice.

Par malheur, cette période brillante ne sera pas de longue durée. En 843, le traité de Verdun disloque l'empire carolingien. La Lotharingie, dont fait partie la province ecclésiastique de Trèves, sera, au x⁰ siècle, après bien des vicissitudes, rattachée au royaume des Francs orientaux, c'est-à-dire à l'Allemagne. Puis, en 959, l'archevêque-duc Brunon divise la Lotharingie en deux duchés, dont l'un, celui du sud, correspond à l'ancienne province romaine de la première Belgique à la province ecclésiastique de Trèves, augmentée de quelques morceaux de l'archidiocèse de Reims.

Si, au moins la Haute-Lorraine, appelée aussi la Mosellane, avait pu garder son unité! Par malheur, bien des causes en amenèrent le morcellement du x⁰ au xii⁰ siècle. La faiblesse des ducs, les efforts des évêques et des comtes pour se soustraire à l'autorité ducale, la politique des souverains allemands, qui opposent les évêques aux seigneurs laïcs, enfin les luttes du Sacerdoce et de l'Empire tout concourt à disloquer les duchés, à l'est aussi bien qu'à l'occident du Rhin : la Basse-Lorraine, la Franconie, la Bavière, la Souabe et la Saxe subiront, à des degrés divers, le même sort que la Mosellane et comme elle, tomberont en morceaux. Finalement, au xii⁰ siècle, nous trouvons notre pays divisé en je ne sais combien de principautés laïques ou ecclésiastiques. Si l'une d'elles a retenu et gardera le nom de Lorraine, elle ne comprend pourtant qu'une petite partie de la région mosellane ; ses ducs sont tenus en échec par les princes qui se sont détachés de la Haute-Lorraine, comtes de Bar ou de Luxembourg archevêques de Trèves évêques de Metz, de Toul ou de Verdun. La Lorraine, pour son malheur ne possède point de capitale, toutes les grandes villes de la contrée Trèves Metz, Toul et Verdun se trouvant en dehors d'elle. Les ducs de Lorraine, qui avaient compris les dangers de cette situation et qui s'efforcèrent de rétablir l'unité si nécessaire à la tranquillité du pays, furent impuissants à la réaliser. La période, qui va du xii⁰ siècle à la fin du xv⁰, est une des plus misérables et des plus tristes de notre histoire. Conflits, guerres incessantes et d'ail leurs stériles, qui épuisent le pays et qui créent des inimitiés durables entre les habitants des diverses principautés de la région, tel est le lamentable spectacle que nous offre cette époque. Notre pays connut alors tous les inconvénients d'une décentralisation poussée à l'extrême, tous les dangers d'un ordre de choses où aucun pouvoir central n'était là pour maintenir un peu d'ordre. Ajoutons que cette décentralisation profitait seulement aux souverains des petits États féodaux, les malheureux habitants n'en connaissant que les désagréments et les abus.

Le xvᵉ siècle est enfin le témoin de l'union de la Lorraine et du Barrois, si longtemps ennemis, union heureuse et féconde en bons résultats. Pour la compléter, il eût fallu que les territoires ecclésiastiques et les républiques municipales fussent annexés aux deux duchés. Mais c'était là une tâche difficile dont l'exécution dépassait les forces de nos ducs.

La Réforme permit à certains princes allemands de s'emparer des terres d'Église, qui avaient toujours été l'objet de leurs convoitises. Les ducs lorrains, restés catholiques, ne pouvaient recourir à la sécularisation des domaines du clergé. Pourtant les troubles et les guerres civiles, que la Réforme provoqua tant en Allemagne qu'en France, auraient peut-être fourni à Charles III l'occasion de s'emparer de Metz, de Toul et de Verdun, si, en 1552, le roi de France Henri II n'avait lui-même occupé ces trois villes, que ses successeurs devaient conserver. Victorieux des Habsbourgs au cours des longues luttes qu'ils soutinrent contre eux au xviiᵉ et au xviiiᵉ siècles, les Bourbons consolidèrent les conquêtes de Henri II en annexant d'abord l'Alsace, puis la Lorraine et le Barrois, qui perdirent en 1737 leur dynastie nationale et en 1766 leur souverain nominal, Stanislas Leszczynski.

Si autrefois la Lorraine et le Barrois avaient connu les maux qu'engendre une décentralisation anarchique, ils allaient désormais souffrir d'une centralisation poussée à ses plus extrêmes limites. Administré jusqu'en 1789 par les intendants, depuis 1800 par les préfets, notre pays n'a joui d'un peu de liberté qu'au début de la Révolution.

Les Bourbons avaient maintenu la distinction entre la Lorraine et le Barrois d'une part, les Trois-Évêchés de l'autre. En 1790, la Constituante devait profondément remanier la géographie administrative de la France. Aux anciennes circonscriptions elle substitua les départements, où furent agglomérés des éléments pris à diverses provinces de l'Ancien Régime. Trois-Évêchés, Lorraine et Barrois formèrent quatre départements, Meurthe, Meuse, Moselle, Vosges ; la frontière occidentale de la Meuse et la frontière méridionale des Vosges correspondaient en gros aux limites du Verdunois, du Barrois et de la Lorraine. Il y eut pourtant quelques emprunts faits soit à la Champagne, soit à la Franche-Comté, de même que l'on annexa au département de la Haute-Marne le territoire où s'élevait jadis la ville de La Mothe, qui avait cependant, plus que tout autre, le droit de rester uni à un département lorrain.

Les nouvelles circonscriptions administratives étaient formées de façon assez arbitraire ; surtout, elles avaient le grand défaut d'être trop petites relativement à Paris ; enfin il leur était interdit de se concerter entre elles et d'exercer une action commune. Les inconvénients qu'entraînaient et la petitesse des départements et l'impossibilité où ils se trouvaient de s'unir devaient déjà se montrer au grand jour durant la Révolution. Impuissante à faire respecter ses droits, la province dut presque toujours se résigner à subir les volontés de la capitale ou du parti qui s'en était rendu maître ; les tentatives qu'elle fit à plusieurs reprises pour se soustraire à cette tyrannie n'eurent aucun succès. Depuis lors, du reste, révolutions et coups d'Etat, quand ils ont réussi à Paris, ont, sauf une seule fois, en 1871, assuré à leurs auteurs la domination de la France, mettant ainsi en pleine lumière l'un des défauts les plus graves, l'un des dangers les plus grands de la centralisation en général et du système départemental en particulier.

Au point de vue historique, ce sont donc les Romains qui ont donné à la région mosellane sa première organisation administrative, bientôt adoptée et conservée par l'Eglise. Aux époques mérovingienne et carolingienne, le pays garde son unité et sa cohésion : c'est la période la plus glorieuse de son histoire. La dernière partie du Moyen-Age, avec l'émiettement qu'elle amène, nous offre au contraire le spectacle d'une anarchie déplorable. Si, au xv⁵ siècle, l'union de la Lorraine et du Barrois produit une amélioration sensible, l'œuvre d'unification n'en demeure pas moins très incomplète ; du reste, l'ancienne monarchie ne parvint pas à la réaliser. La Révolution fut plus heureuse, mais les désastres du Premier Empire devaient de nouveau couper en deux l'ancienne Mosellane, et vous savez que le Second Empire a eu des résultats plus désastreux encore.

Malgré le découpage du pays en départements, malgré le morcellement et les luttes de la période féodale, le souvenir de l'ancienne unité de la Mosellane n'a pas entièrement disparu ; il a persisté à travers les âges et, bien qu'affaibli, il constitue une force, que sauront mettre en œuvre les organisateurs de la future région lorraine.

* * *

A diverses époques de son histoire, notre pays, que sa situation, à la frontière d'un grand Etat, exposait à des invasions continuelles, ne se trouvait pas dans des conditions favorables à son développement économique. D'autre part, au temps où il formait le centre de l'empire franc, la civilisation y était surtout agricole ; chaque contrée vivait alors des produits de son sol, et les échanges étaient rares.

La région lorraine avait, du reste, de quoi se suffire. Malgré la médiocrité d'une partie de son sol, malgré la rudesse du climat, le pays possédait de magnifiques forêts, de belles prairies où vivait un nombreux bétail, de bonnes terres de labour, des côteaux propices à la vigne. C'est à la culture du sol que la population lorraine a consacré longtemps la majeure partie de son labeur. A l'époque mérovingienne, les moines ont défriché quelques-unes des vallées vosgiennes et créé des centres de population, qui deviendront plus tard des villes florissantes.

Ce n'est pas à dire pourtant que les richesses du sous-sol aient été négligées. De bonne heure, avant même la conquête romaine, on a exploité les gisements de sel de la vallée de la Seille. Le fer, que l'on rencontrait en certains endroits à fleur de terre devint à la même époque l'objet d'une exploitation régulière. Les mines d'argent des Vosges fournirent aussi, au moins dès la période franque, du métal destiné surtout, semble-t-il, à être monnayé. A défaut de houille, on tirait des forêts de la région le combustible nécessaire. C'est grâce à elles aussi que des verreries, des fonderies de cloches et des faïenceries purent naître et prospérer en divers points de la région lorraine, soit au Moyen-Age, soit au cours des temps modernes. Les chutes d'eau, si nombreuses dans la montagne vosgienne, firent marcher en grand nombre des moulins à grain et des moulins à papier.

Les malheurs de la guerre de Trente-Ans arrêtèrent net l'essor industriel de la Lorraine, qui reprit, au siècle suivant, assez d'importance pour que la consommation du bois qui en était la conséquence amenât le renchérissement de ce combustible, et provoquât les plaintes de la population rurale : on vit en 1789 les paysans de nombreux villages réclamer dans leurs cahiers de doléances la fermeture des usines à feu Et cependant le droit d'exploiter les produits du sous-sol appartenait au souverain, qui se le réservait ou l'affermait soit à des particuliers, soit à des compagnies, les uns et les autres investis d'un monopole

Malgré la renaissance de l'industrie au xviiie siècle, c'est, jusqu'à une époque très voisine de nous, l'agriculture qui constitue toujours l'occupation principale des habitants de la Mosellane. Il n'en est plus de même aujourd'hui, grâce à une transformation, dont il convient d'indiquer brièvement les causes multiples.

D'abord l'industrie a été affranchie par la Révolution des monopoles et des mille entraves qui la gênaient sous l'Ancien Régime ; puis elle a bénéficié des merveilleuses découvertes scientifiques faites au xixe siècle, ainsi que de la création de voies nouvelles, routes, canaux et chemins de fer. Si, en dépit de ces progrès, la Lorraine reste encore un pays surtout agricole, durant les deux premiers tiers du dernier siècle, le traité de Francfort amène de ce côté-ci de la frontière de nombreux manufacturiers alsaciens, qui ne veulent pas devenir allemands ; les trente dernières années voient donc l'industrie se développer chez nous d'une façon admirable, mais aussi effrayante qu'admirable. Effrayante, je ne retire pas le mot, parce que maintenant l'équilibre menace d'être rompu au profit de l'industrie, et que l'agriculture, dont les produits nous font vivre, est frappée d'une décadence qui se manifeste par le renchérissement des denrées alimentaires, — effrayante encore. parce qu'à certains endroits, dans le nord de la Meurthe-et Moselle, par exemple. l'essor prodigieux de l'industrie a provoqué une forte immigration d'étrangers prompts à jouer du couteau, dangereux pour leurs compatriotes et pour les nôtres — effrayante enfin, en raison des conflits de plus en plus graves qu'entraîne la mésintelligence sans cesse croissante entre employeurs et employés.

Beaucoup de manouvriers des campagnes sont allés travailler dans les usines, où les attiraient des salaires plus élevés que ceux que pouvaient leur offrir les fermiers ou les propriétaires ruraux. D'un autre côté, l'agriculture et la viticulture n'ont pas, tant s'en faut, accompli les mêmes progrès que l'industrie : l'attachement aux vieilles méthodes, la routine, pour l'appeler par son nom, empêche ces deux formes du travail humain d'être aussi rémunératrices que l'industrie. Ajoutons à cela les intempéries, les maladies de plus en plus nombreuses de plus en plus graves, qui s'attaquent aux plantes, surtout à la vigne, et nous aurons indiqué quelques-unes des causes de la crise agricole que traverse aujourd'hui notre pays.

Pourtant, le développement de l'industrie, qui a suivi la guerre de 1870-71 et qui en a été la conséquence, n'a pas affecté uniformément toute la région lorraine : on le constate surtout dans la partie orientale. Tandis que les arrondissements de Remiremont, de Saint-Dié, d'Épinal, de Briey, ainsi qu'une partie de ceux de Lunéville et de Nancy se couvraient de nouvelles fabriques, de nouvelles usines, les arrondissements de Mirecourt, de Neufchâteau, de Toul, le reste des arrondissements de Lunéville et de Nancy, enfin le département de la Meuse dans son ensemble, sont demeurés plutôt agricoles; l'industrie, sans y être inconnue, n'y a pas pris la même extension, ne s'y est pas fait une place prépondérante. Il y a donc dans la région lorraine une moitié, celle de l'est, qui est très industrielle, alors qu'à l'ouest du pays l'agriculture a encore la prédominance. Puisse-t-elle la conserver longtemps encore! Puisse la situation, déjà très inquiétante, ne pas s'aggraver davantage! Nous ferions, je crois, une spéculation des plus mauvaises si, nous laissant absorber par l'industrie et renonçant aux travaux des champs, nous devenions, pour les denrées alimentaires de première nécessité, les tributaires d'autres pays.

Durant le Moyen-Age et la période moderne, on ne s'adonnait en Lorraine qu'à des industries naturelles, j'entends par là des industries qui ne mettaient en œuvre que les produits indigènes du sol et du sous-sol. En un temps où les communications étaient aussi difficiles que peu sûres, comment aurait-on pu travailler des matières autres que celles fournies par le pays lui-même? Nos contrées, situées à une grande distance de la mer, privées de cours d'eau navigables, de canaux, ne disposaient que de routes ordinaires, insuffisantes à tous égards pour y amener des produits bruts de provenance lointaine. Au XIXe siècle, cet état de choses s'est heureusement modifié. Plusieurs de nos cours d'eau, convenablement aménagés ou doublés de canaux, sont devenus les auxiliaires précieux de l'industrie; d'autres canaux ont mis la région lorraine en communication avec la vallée du Rhin, le nord de la France, le bassin parisien et la vallée de la Saône; l'on peut aujourd'hui transporter par eau des marchandises de la mer à la

Lorraine ou leur faire effectuer le trajet en sens inverse. La création de nombreux chemins de fer n'a pas rendu moins de services, facilitant l'arrivée ou l'enlèvement tant des matières premières que des produits manufacturés.

Par conséquent, à côté des industries naturelles, dont les principales ont subsisté, et dont quelques-unes même ont pris un développement inouï, il s'est constitué, grâce aux nouveaux moyens de transport, grâce encore aux découvertes de la science, des industries artificielles, qui emploient des matières premières étrangères à la contrée.

Comme industries naturelles, je citerai certaines industries alimentaires, la minoterie, aujourd'hui transformée, représentée par quelques grandes maisons, les féculeries, les brasseries, répandues dans les trois départements lorrains, les fromageries des Hautes-Vosges et de la vallée de la Meuse. L'extraction du sel se continue, et de plus, dans trois grandes usines, on fabrique un dérivé du sel, le carbonate de soude. Quant à l'industrie métallurgique, elle a pris le prodigieux essor que vous savez. Répandue jadis dans toute la région lorraine, nous la trouvons depuis que les forges au bois ont dû s'éteindre, concentrée dans la Meurthe-et-Moselle, aux environs de Nancy, de Briey et de Longwy. Toutefois, si le minerai ne se traite plus que dans ces trois groupes, le fer est encore travaillé ailleurs ; c'est ainsi qu'en plusieurs localités des Vosges, par exemple, on fabrique des couverts et de la chaudronnerie. Vous n'ignorez pas que les diverses industries du mobilier continuent d'être en honneur chez nous, et que les faïenceries, les verreries, les cristalleries toujours nombreuses, sont une des gloires de notre pays. Si les anciennes verreries de Darney et de l'Argonne se sont éteintes, d'autres ont été créées, qui les ont brillamment remplacées. A aucune autre époque, on n'a fait autant de meubles de bois dans la région lorraine. Il se fabrique des meubles ordinaires ou des meubles dits de style dans les Vosges, dans la Meuse, ici même, et Nancy s'enorgueillit à juste titre des maîtres qui ont créé un art nouveau. Le tissage de la toile, qui autrefois faisait battre tant de métiers, se trouve maintenant concentré dans un coin des Vosges. Pour être complet, j'aurais à mentionner encore les tanneries, les manufactures de chaussures, les fabriques de dentelles, celles de broderies, celles d'instruments de musique, les papeteries, enfin les imprimeries représentées par d'importantes maisons, d'où sortent non seulement des travaux ordinaires, courants, mais aussi des œuvres d'un véritable caractère artistique. Toutes ces industries, je le répète, appartiennent à la catégorie des industries naturelles : elles emploient principalement, sinon d'une façon exclusive, des matières premières indigènes.

Il en va autrement pour quelques autres industries, celle des cotonnades par exemple. Le coton, inutile de le dire, n'a rien de commun avec la Lorraine. Cette industrie, d'abord établie en Alsace, n'a eu dans les Vosges, au xix⁰ siècle, que des débuts fort modestes, et il a fallu le traité de Francfort et l'annexion de l'Alsace pour amener de nombreux filateurs et tisseurs de cette pro-

vince dans les arrondissements de Saint-Dié, de Remiremont et
d'Epinal. Les établissements similaires de la Meurthe-et-Moselle
et de la Meuse n'ont pas, à beaucoup près, la même importance.
Est également artificielle, étrangère par la matière première
employée, l'industrie des chapeaux de paille, dont Nancy a
presque le monopole dans la région lorraine.

Vous voyez combien est multiple et varié dans ses manifestations le mouvement économique de notre pays. La Mosellane
peut donc se suffire à elle-même, et son activité va en croissant
chaque jour. La découverte de gisements houillers en Meurthe-
et-Moselle avait fait naître de grandes espérances ; seulement,
comme on les a rencontrés à une grande profondeur et que la
plupart d'entre eux n'ont qu'une épaisseur médiocre il est à
craindre que la Lorraine n'y trouve pas tout le combustible
nécessaire à son industrie, comme elle le trouvait jadis dans ses
forêts, quand ses usines à feu ne brûlaient que du bois.

Vous ne vous étonnerez pas que je rappelle ici la part qu'a
prise la Faculté des Sciences de l'Université de Nancy au développement de notre industrie : nombreux sont les ingénieurs et
les contre-maîtres qu'elle a fournis aux usines et aux manufactures
de la région.

Il y a, vous l'avez vu, des ombres dans le tableau de la vie
économique du pays que je viens de vous présenter. Tandis que
l'industrie ne cesse de grandir, de prospérer, l'agriculture et la
viticulture restent stationnaires, périclitent même, délaissées et
arriérées qu'elles sont, pour le plus grand dommage de nos
contrées. Il serait vivement à désirer qu'on les négligeât un peu
moins, que l'attention des capitalistes et des savants se portât
davantage de leur côté, au lieu de se tourner presque exclusive-
ment vers l'industrie. De quoi vivons-nous, en fin de compte ?
Des produits agricoles ; voilà ce que l'on me semble oublier un
peu trop aujourd'hui.

* *
*

Nous avons étudié la région lorraine dans sa configuration
géographique, dans son histoire, dans son mouvement économique. Ma tâche serait incomplètement remplie, si je n'ajoutais
quelques mots sur le caractère et sur les aptitudes de la population. Caractère et aptitudes sont, je n'ose dire déterminés, mais
tout au moins fortement influencés par les facteurs géographiques, historiques et économiques.

Les habitants de la région lorraine vivant sous un climat rude,
et cultivant un sol qui, livré à lui-même, ne leur fournirait pas
de quoi subsister, sont laborieux tenaces, économes, peut-être
même plus qu'économes.

Obligés de se défendre contre des attaques incessantes, ils ont
toujours eu, semble-t-il, des goûts belliqueux. Je n'en finirais
pas, si je voulais énumérer tous les grands capitaines, tous les
vaillants soldats qu'a produits la Lorraine. Par contre, c'est aux
invasions sans nombre qu'ont subies mes compatriotes qu'il faut
attribuer cette réserve défiante et cette froideur dont on n'a pas
manqué de leur faire un reproche.

Comme la plupart des hommes qui travaillent la terre, les Lorrains sont attachés à leurs croyances, à leurs usages, à leurs traditions, nullement enclins à s'engouer des nouveautés.

On ne peut leur refuser en politique un réel bon sens, une sage aversion à l'égard des opinions extrêmes ou aventureuses, une préférence indiscutable pour les idées raisonnables, pour les solutions moyennes.

Nous retrouvons le sens pratique du Lorrain jusque dans les manifestations de l'activité religieuse. Jadis, à l'époque franque, les moines de nos abbayes ont défriché une partie du pays; durant les deux derniers siècles, la Lorraine a donné naissance, non à des ordres contemplatifs, mais à des congrégations dont les membres se vouent soit à l'enseignement, soit au soin des malades.

Quoiqu'il m'en coûte de l'avouer, je suis bien forcé de reconnaître qu'en Lorraine la vie littéraire a longtemps été languissante; pourtant, mes compatriotes avaient pour l'instruction un goût très vif, comme en témoignent les nombreuses écoles qu'ils avaient créées. Mais, positifs et un peu terre-à-terre, ils semblaient dédaigner les lettres, pour se livrer à des occupations plus prosaïques, d'une utilité plus immédiate. C'est seulement au xviiie siècle et surtout au xixe, que nous trouvons dans la région lorraine des romanciers et des poètes, quelques-uns du reste à demi étrangers par leurs origines. J'ajoute, et le mérite d'en faire la remarque ne m'appartient pas, que ces écrivains sont en général très différents les uns des autres, et que l'on aurait quelque peine à trouver entre eux un air de famille.

On s'étonnera peut-être qu'avec leur tournure d'esprit les Lorrains aient été attirés vers les arts; c'est pourtant un fait incontestable que mon pays n'a pour ainsi dire pas cessé de produire des artistes, dont plusieurs comptent parmi les plus grands. Pour ne parler que du passé, je rappellerai, à côté des maîtres inconnus qui ont élevé les églises ou les abbayes du Moyen Age et les châteaux de la Renaissance, l'architecte Emmanuel Héré, le peintre Claude Gelée, le graveur Jacques Callot, et parmi les sculpteurs les Richier, les Drouin, les Adam. Le mouvement artistique, qui s'était ralenti vers la fin du xviiie siècle, a repris de nos jours un très vif essor. Un homme de génie, E. Gallé, a produit dans l'art décoratif une révolution, créant des formes et des motifs nouveaux, dont la nature lorraine lui fournissait les modèles. Aussi mon pays a-t-il maintenant une vie artistique intense qui est bien à lui.

Les Lorrains étaient encore mieux doués pour les sciences que pour les arts: combien d'entre eux jouissent aujourd'hui d'une renommée légitime comme mathématiciens, physiciens, chimistes ou ingénieurs! Les uns, cantonnés dans le domaine de la théorie, ont formulé des lois nouvelles; les autres, d'esprit plus pratique, ont appliqué les plus récentes découvertes scientifiques à l'industrie, dont ils ont ainsi assuré les progrès.

* *
*

Par cet exposé rapide vous avez vu quelles particularités

géographiques, quelles ressources économiques présentait le pays situé à l'occident des Vosges, par quelles vicissitudes les populations qui l'habitent avaient passé durant le cours des âges, quelles avaient été enfin et quelles étaient encore aujourd'hui leurs occupations, leurs aptitudes, leur tournure d'esprit. Pouvons-nous de cette revue superficielle tirer des conclusions favorables à l'existence d'une région lorraine ? Sommes-nous en droit d'affirmer que, par leurs conditions géographiques, historiques, économiques, par le caractère de leurs habitants, les trois départements de la Meurthe-et-Moselle, de la Meuse et des Vosges constituent cette région ? Oui, dans une certaine mesure : d'une façon générale, à côté de différences notables dans la constitution géologique et dans la configuration du sol, on constate même pente du terrain, même climat, même vie politique pendant une partie de la période historique, mêmes travaux aussi, enfin même esprit et même caractère. Mais, si l'on peut dire avec quelque vérité que, prises dans leur ensemble, la Meurthe-et-Moselle, la Meuse et les Vosges forment une région qui se distingue à la fois de la Champagne à l'ouest et de la Franche-Comté au sud, on trouve aux frontières de ces départements des territoires qu'il est malaisé de lui attribuer : les uns, qui par la géographie en constituent des dépendances naturelles en sont séparés par l'histoire ou par la vie économique; d'autres, qui au point de vue de leur constitution géologique, ou de leur situation, paraîtraient devoir, comme la montagne vosgienne, former un tout distinct, ou comme les hautes vallées de la Saône et du Coney se rattacher à la Comté, ou, enfin, comme celles de l'Ornain, de la Saulx, de l'Aisne et de l'Aire pencher vers la Champagne se sont trouvées en raison, soit des exigences de la vie soit des événements historiques, unies à la Lorraine. Par contre il y a d'autres territoires qui sont aujourd'hui en dehors des trois départements lorrains, malgré les affinités géographiques et historiques qu'ils ont avec eux. Vous voyez donc qu'il n'est pas facile d'assigner vers l'ouest et le midi à la région lorraine des limites de tous points satisfaisantes, comme en offre au contraire, du côté de l'est, la chaîne des Vosges, frontière très bien marquée, très naturelle, et que l'histoire a longtemps respectée.

La question de savoir si tel village devra faire un jour partie plutôt de la Lorraine que de la Comté ou de la Champagne n'a, en somme, qu'une importance minime, exception faite cependant pour La Mothe, et si le problème de la création des régions ne présentait pas de difficultés plus sérieuses, il serait vite résolu. Par malheur, la division de la France en régions se heurte à bien des obstacles elle a contre elle des adversaires aussi nombreux que redoutables. Aucun des projets qui remanient nos circonscriptions administratives, et celui de M. Beauquier n'a pas été plus favorisé que les autres, n'a encore eu les honneurs d'une discussion à la Chambre des députés ; le jour — peut-être encore éloigné — où la question viendra enfin devant le parlement, les partisans de la centralisation tenteront tout pour faire échouer les projets de réforme dont nous attendons l'affranchissement de la province.

Ne perdons pourtant pas courage. Souhaitons que les régions administratives naissent le plus tôt possible, qui parmi elles il y ait une région lorraine, et que celle-ci retrouve plus tard vers le nord et le nord-est les limites naturelles dont elle est aujourd'hui privée.

LANGRES. — IMPRIMERIE CHAMPENOISE